BEI GRIN MACHT SICH IHR
WISSEN BEZAHLT

- Wir veröffentlichen Ihre Hausarbeit,
  Bachelor- und Masterarbeit

- Ihr eigenes eBook und Buch -
  weltweit in allen wichtigen Shops

- Verdienen Sie an jedem Verkauf

Jetzt bei www.GRIN.com hochladen
und kostenlos publizieren

Familiäre Beratungsmöglichkeiten während der Corona-Pandemie

Überblick und Erläuterung an einem Beispiel

Anna Wittmann

Bibliografische Information der Deutschen Nationalbibliothek:

Die Deutsche Nationalbibliothek verzeichnet diese Publikation in der Deutschen Nationalbibliografie; detaillierte bibliografische Daten sind im Internet über http://dnb.d-nb.de abrufbar.

ISBN: 9783346454409
Dieses Buch ist auch als E-Book erhältlich.

Druck und Bindung: Books on Demand GmbH, Norderstedt Germany
Gedruckt auf säurefreiem Papier aus verantwortungsvollen Quellen

Das vorliegende Werk wurde sorgfältig erarbeitet. Dennoch übernehmen Autoren und Verlag für die Richtigkeit von Angaben, Hinweisen, Links und Ratschlägen sowie eventuelle Druckfehler keine Haftung.

Das Buch bei GRIN: https://www.grin.com/document/1030524

Anna Wittmann

Internationale Hochschule Bad Honnef

Seminararbeit im Kurs: Seminar: Aktuelle Entwicklungen der Bildung, Beratung und Personalentwicklung (DLBPGSAEBBP01)

Themenfeld 1: Bildungs- und Beratungsfelder in der frühkindlichen Entwicklung, in der Kinderbetreuung und in Familien

Fragestellung: Welches Beratungsangebot wäre geeignet, um Familien dabei zu unterstützen, die mit der Corona- Pandemie verbundenen Herausforderungen zu

Abgabe erfolgt am 28.02.2021

Inhaltsverzeichnis

1.Einleitung

Ein zunächst lokal begrenzter Infektionsherd in einer chinesischen Provinz im Januar 2020 hat sich innerhalb kürzester Zeit zu einer weltumspannenden und die Menschheit bedrohenden Pandemie entwickelt (vgl. Kröll, Platzer, Ruckenbauer, 2020, S.7). Es werden sich im Laufe des Jahres Millionen Menschen mit dem Virus identifizieren, teilweise mit schwerem Verlauf, sodass jene Behandlung auf einer Intensivstation benötigen (vgl. Kröll, Platzer, Ruckenbauer, 2020, S.7). Andere haben glücklicherweise einen leichteren Verlauf, sorgen sich jedoch um Folgeschäden und leider verstarben im Laufe des Jahres viele Tausende Menschen an dem Folgen der Infektion (vgl. Kröll, Platzer, Ruckenbauer, 2020, S.7). Besonders gefährdet sind Menschen mit Vorerkrankungen sowie im fortgeschrittenen Alter (vgl. Kröll, Platzer, Ruckenbauer, 2020, S.7). Um die Infektionen zu reduzieren wurden Maßnahmen ergriffen, die weit, vielleicht auch zu weit, in verbürgte Grundrechte der Menschen eingegriffen haben (vgl. Kröll, Platzer, Ruckenbauer, 2020, S.7). Durch Maßnahmen wie einen Lockdown oder Shutdown wurde die damit verbundene soziale Isolation von Menschen in Alten- und Pflegeheimen, Krankenhäusern, Kliniken und Menschen aller Gesellschaftsschichten sichtbar (vgl. Kröll, Platzer, Ruckenbauer, 2020, S.7). Allein das Virus sorge auf der ganzen Welt für Angst und Schrecken, komponiert mit der sozialen Isolation, Kurzarbeit, eventuell sogar einen Jobverlust, dem Arbeiten von zuhause sowie der Kinderbetreuung von zuhause muss sich die Menschheit neuen Herausforderungen stellen (vgl. Kröll, Platzer, Ruckenbauer, 2020, S.7). Die Shutdown-Maßnahmen sollen Infektionszahlen maximal senken, jedoch auf Kosten des normalen Lebens, die Folgen jeder Art lassen sich zum jetzigen Zeitpunkt nur erahnen (vgl. Kröll, Platzer, Ruckenbauer, 2020, S.7). Wir leben nicht einfach nur, um biologisch am Leben zu sein, sondern wollen leben, um Leben entfalten und genießen zu können (Kröll, Platzer, Ruckenbauer, 2020, S.7). Das Virus stellt eine unsichtbare Bedrohung dar, ein Schutz ist partiell über entsprechende Schutzausrüstung (FFP2/3- Masken, Einmalhandschuhe, Kittel oder Schutzanzüge), Hygienemaßnahmen und Distanzierung möglich, jedoch ein eindeutiger Nachweis über eine mögliche Infektion lässt sich nur durch das Labor aufzeigen (vgl. Bering, 2020, S.18). Ist eine Infektion eingetreten gilt es die Kontaktpersonen ausfindig zu machen, so kann ein Familienmitglied ohne es zu wissen alle anderen mitanstecken (vgl. Bering, 2020, S.18). Zwar wird mit Hochdruck an Medikamenten und Impfstoffen geforscht, dies benötigt jedoch Zeit und finanzielle Ressourcen und bis diese jedermann zur Verfügung stehen wird noch viel Zeit vergehen (vgl. Bering, 2020, S.18-19). Unter diesen Ausgangsbedingungen ist nachvollziehbar, dass die aktuelle biologische Lage ein besonderes psychosoziales Belastungspotential für die gesamte Bevölkerung bedeutet (Bering, Eichenberg, 2020, S.18-19). Im Erleben der Menschen sind Verunsicherung, Ängste und Befürchtungen, Hilflosigkeit und Kontrollverlust als dominierende Empfindungen zu nennen:»Angst vor Siechtum und Tod, vor Schädigung durch den Kontakt mit anderen Menschen, um die Gesundheit von

Angehörigen und Freunden, andere Menschen zu schädigen und die Unsicherheit, ob ausreichend Schutz- und Behandlungsmöglichkeiten vorhanden sind (Bering, Eichenberg, 2020, S.20). Die gesamte Bevölkerung ist von der Pandemie sowie den damit verbundenen Einschränkungen betroffen, zusätzlich zu der Angst heizen die Medien mit Verschwörungstheorien und möglichen Szenarien die Angst der Bevölkerung weiter an (vgl. Bering, Eichenberg, 2020, S.20). Viele Studien in vergangenen pandemischen Lagen haben psychischen Stress bei Erkrankten in Quarantäne und bei Krankenhauspersonal untersucht. SARS-PatientInnen in Quarantäne berichteten von Angst, Einsamkeit, Langeweile und Wut, und sie machten sich Sorgen über die Ansteckung von Familienmitgliedern und Freunden. Das Krankenhauspersonal litt unter der Angst vor Ansteckung, der Ansteckungsgefahr von Familien, Freunden und Kolleg*innen und dem Leiden der Patient*innen (Bering, Eichenberg, 2020, S.21). Insgesamt ist nur eine geringe Anzahl von Studien zu verzeichnen, welche die Reaktionen und Verhaltensweisen sowie das Ausmaß an psychosozialer Belastung in der Gesamtbevölkerung im Fall einer Pandemie erheben (Bering, Eichenberg, 2020, S.20). Kaum ein Ereignis hat die Welt maßgeblich zu erschüttert wie der Ausbruch der Corona- Pandemie und noch heute, im Frühjahr 2021, im zweiten Lockdown lässt sich weder positive noch negative Bilanz ziehen vielmehr kann von einer kollektiven traumatischen Erfahrung gesprochen werden (vgl. Kröll, Platzer, Ruckenbauer, 2020, S.7). Die Menschen haben Angst vor einer dritten Welle sowie vor den Mutationen des Virus d.h. es muss weiterhin mit der sozialen Isolationen zum Schutz anderer und zum eigenen Schutz gelebt werden (vgl. Kröll, Platzer, Ruckenbauer, 2020, S.7). Schon hier fällt auf die Menschen müssen mit Abstand mehr zusammenrücken um sich gegenseitig zu helfen und unterstützen (vgl. Bering, Eichenberg, 2020, S.10). Besonders die soziale Isolation stellt für die Familien eine große Herausforderung dar. In dieser Seminararbeit soll thematisiert werden, wie besonders Familien durch Beratungsangebote geholfen werden kann bzw. wie diese unterstütz werden können. Diese leiden auf vielfältige Art und Weise: Kinder dürfen nicht in die Schule gehen, Eltern sind völlig überfordert vom Home Office und Home Schooling, Großeltern als Risikogruppe sollten weniger besucht werden, Verlust vom Job, Lebenszufriedenheit sinkt, Vernachlässigung sozialer Netzwerke, Existenzängsten und im schlimmsten Fall auch der Verlust von Angehörigen. Konkret soll mit dieser Arbeit die Frage „Welches Beratungsangebot wäre geeignet, um Familien dabei zu unterstützen, die mit der Corona- Pandemie verbundenen Herausforderungen zu bewältigen?" geklärt werden. Im nächsten Kapitel soll genauer auf die Situationen der Familien in der Corona-Pandemie eingegangen werden um die möglichen neuen Herausforderungen aufzuzeigen. Anschließend im dritten Kapitel soll ein spezifischer Überblick über notwendige therapeutische Konzepte im Umgang mit der pandemischen Stressreaktion und mögliche Beratungsangebote zur Unterstützung der Familien erläutert werden. Zum Schluss werden konkrete Inhalte und Ideen zur Beratung wiederholt. Die

Corona- Pandemie wird uns noch eine längere Zeit beschäftigen und begleiten, um so wichtiger ist es jetzt Familien Hilfe zu leisten, die Beratungsangebote zu überarbeiten und diese frei zur Verfügung zu stellen. Doch zunächst zu der besonderen Situation in denen sich Familien befinden.

2. Die Folgen der Corona- Pandemie für Familien

Wie schon in der Einleitung erläutert hält die Corona-Pandemie die ganze Welt in Atem. Jedoch aufgrund der Maßnahmen zur Reduktion des Infektionsgeschehens bedeuteten insbesondere für Familien mit schulpflichtigen Kindern erhebliche Einschränkungen (vgl. Knabe, 2021, S.1). Homeschooling, Homeoffice und die Kontaktsperren brachten die sonst so alltägliche Handlungspraxen zum Einsturz und forderten das Bewältigungshandeln heraus (vgl. Knabe, 2021, S.1). Bisherige Auswirkungen sind: unter Druck geratene Geschlechterarrangements, die Zunahme häuslicher Gewalt, psychosozialer Stress und die Abhängigkeit von sozialer Unterstützung (vgl. Knabe, 2021, S.1). Zudem ist anzunehmen, dass sich die Ungleichheiten der Gesellschaftsschichten weiter verschärfen (vgl. Knabe, 2021, S.1). Zunehmend traten die psychischen und sozioökonomischen Folgen der Ausgangs- und Kontaktbeschränkungen in den Blick (Schmidt-Lellek, 2020, S.182). Die Situation, die je nach Ort weitgehend einem Hausarrest glich, erzeugte neuen Stress dieser „Lagerkoller" ließ Konflikte eskalieren oder förderte ein Suchtverhalten (Schmidt-Lellek, 2020, S.182). Jedoch ist nicht jede Familie gleich schwer getroffen, besonders beachten werden sollen die Risikofamilien sowie deren Netzwerke, welche bereits vor der Pandemie mit psychischen Störungen, Armut oder beengtem Wohnraum konfrontiert waren (vgl. Knabe, 2021, S.1). Der Lockdown wirft das Bewältigungshandeln auf die Mitglieder des eigenen Haushalts zurück, da der Zugang zu darüberhinausgehenden sozialen Kreisen begrenzt oder ganz unterbrochen wurde (vgl. Knabe, 2021, S.1). Netzwerke werden durch die Krise geschwächt jedoch sind diese gleichzeitig eine wichtige Ressource zur Bewältigung der Krise (vgl. Knabe, 2021, S.3). Unterstützung fehlt vor allem bei der Sorge um die psychisch erkrankten Kinder und der Prävention um eine psychische Erkrankung gar nicht aufkommen zu lassen bzw. diese zu lindern (vgl. Knabe, 2021, S.3). Wichtigste Quellen von Unterstützung sind die erweiterte Familie und institutionelle Einrichtungen, wobei die Institutionen während der Krise oft nur noch eingeschränkt oder gar nicht mehr zu erreichen (vgl. Knabe, 2021, S.3). Im Idealfall sind die verbliebenen Beziehungen stark genug, um die Situation zu überstehen, jedoch im Gegenteil verschwinden die Kinder ganz und gar aus der institutionellen und gesellschaftlichen Obhut (vgl. Knabe, 2021, S.3). Somit hängt das Wohl der Kinder allein von den Kompetenzen ihrer Eltern sowie den Mitgliedern des eigenen Haushalts ab. Jedoch leiden nicht nur die Kinder, besonders die Eltern sind überfordert, haben Existenzängste und verlieren an

Lebenszufriedenheit (vgl. Ahlheim, 2020, S.1-5). Letzteres ist besonders bei Frauen und Selbstständigen ausgeprägt, desweitern sind auf Grund der geschlechtertypischen Verteilung der Aufgaben häufig Frauen für die Betreuung zuständig (vgl. Ahlheim, 2020, S.1-5). Die ungeahnten Belastungen einer ganztägigen Betreuung und Beschäftigung von Kindern in den teils recht engen eigenen vier Wänden in Verbindung mit den pädagogischen Heraus- und Überforderungen des Hausunterrichts führten teilweise zu erheblichen Anspannungen (Schmidt-Lellek, 2020, S.182). Der fehlende Austausch mit anderen und der Mangel an Ansprache von pädagogischem Personal oder allgemeine Hilfsangebote und die Monotonie des Alltags stellten viele vor eine harte Bewährungsprobe. Hier wird schon deutlich, die Pandemie mit ihren vielfältigen Folgen lässt niemanden kalt und traf die Menschen unvorbereitet (Schmidt-Lellek, 2020, S.182). Nicht jede Familie ist gleich schwer von der Corona-Pandemie betroffen, jedoch ist jede Familie auf andere Art und Weise betroffen.

Die pandemische Stressbelastung unterteilt sich in: Körperfunktionen und -strukturen Psychomentale und allgemein medizinische Schädigungen, Aktivitäten Beeinträchtigungen (z.b. häusliches Leben, Mobilität), Partizipation (Teilhabe) Beeinträchtigungen (z.b. Verlust des Arbeitsplatzes), Umweltfaktoren beziehungsweise Lebensumstände (z.b. Kontaktsperre im Altenheim), Befürchtungsdynamik (Bin ich verantwortlich für eine Infektionskette?), Angst um die Familie und personenbezogene Faktoren wie Persönlichkeitsmerkmale (z.b. Alter) (vgl. Bering, Eichenberg, 2020, S.45). All diese Faktoren beeinflussen das Leben während einer Pandemie, die Besonderheit der Pandemie ist, dass es keinen klaren Beginn und Abschluss und keine Sensoren der Krankheitsbedrohung gibt (vgl. Bering, Eichenberg, 2020, S.31). Die Pandemie kommt für die meisten unbemerkt als ungebetener Gast zusätzlich wird die Bevölkerung medial über die Gefahr informiert (vgl. Bering, Eichenberg, 2020, S.31). Die psychischen Folgen während der Pandemie nehmen einen zyklischen Verlauf (vgl. Bering, Eichenberg, 2020, S.31). Die potenzielle Letalität akute Todesbedrohung repräsentiert den Mittelpunkt aller Ängste (vgl. Bering, Eichenberg, 2020, S.31). Die Existenzbedrohung, Isolation und Befürchtungsdynamik gewinnen größeren Abstand zur der akuten Todesbedrohung (vgl. Bering, Eichenberg, 2020, S.31). Aus einer Befürchtungsdynamik kann jedoch auch eine akute wirtschaftliche Existenzbedrohung werden kann, daher sind die Ängste dynamisch miteinander verbunden (vgl. Bering, Eichenberg, 2020, S.31). Die Studien berichten über deutliche psychische Belastungen, einschließlich posttraumatischer Stresssymptome, Verwirrung und Wut (Bering, Eichenberg, 2020, S.31). Zu den besonderen Stressoren gehörten längere Quarantänedauer, Infektionsängste, Frustration, Langeweile, unzureichende Versorgung, unzureichende Informationen, finanzielle Verluste und Stigmatisierung (Bering, Eichenberg, 2020, S.31). Einige Studien weisen darauf hin, dass die psychischen Belastungsfolgen auch nach Ende der Quarantäne mittel- bis langfristig bestehen bleiben (Bering, Eichenberg, 2020, S.31).Aus diesen Gründen muss bei der psychosozialen

Versorgung und dem Erstellen von Beratungsangeboten zunächst an die Kombinierbarkeit den verschiedenen Ängsten denken (vgl. Bering, Eichenberg, 2020, S.31). So ist es möglich, dass sich die Folgen der Isolation und der sozialen Anspannung in Kombinationen mit denen der wirtschaftlichen Existenzängste ergeben (Bering, Eichenberg, 2020, S.31). Hier wird deutlich wie komplex der Umgang mit der Pandemie sowie dessen Folgen sind, eine Bewältigung solcher Krisen ist nicht nur auf Basis kognitiver, materieller und kultureller Ressourcen zurückzuführen, sondern in entscheidendem Maße durch die soziale Einbettung der Akteur*innen in soziale Beziehungsstrukturen beeinflusst wird (vgl. Knabe, 2021, S.1).

3. Mögliche Beratungsangebote zur Unterstützung der Familien

Grundsätzlich besteht in Deutschland ein flächendeckendes Netz der psychosozialen Akuthilfe (vgl. Bering, Eichenberg, 2020, S.23). Die meist ehrenamtlich Aktive in der Notfallseelsorge oder der Krisenintervention sorgen für die psychosoziale Versorgung der Menschen unmittelbar während und nach Notfällen (vgl. Bering, Eichenberg, 2020, S.23). So sind als Beispiel die Pfarrer*Innen, Seelsorger*Innen und Sterbebegleiter*Innen wesentliche Begleitung für die Sterbenden und die Angehörigen (vgl. Bering, Eichenberg, 2020, S.23). In den mittelfristigen Versorgungsstrukturen können wir auf ein Netzwerk von Beratungsstellen, Trauma Ambulanzen sowie stationäre und ambulante PsychotherapeutInnen zurückgreifen, um nur einige zu nennen (vgl. Bering, Eichenberg, 2020, S.23). Diese psychosozialen Angebote basieren jedoch auf dem unmittelbaren Kontakt zum Betroffenen, was unter den Maßnahmen der Kontaktbeschränkungen nicht oder nur begrenzt möglich ist (Bering, Eichenberg, 2020, S.23). Daraus resultierend lassen sich zentrale Interventionsprinzipien für die akute und mittelfristige psychosoziale Versorgung von Menschen während und nach komplexen Gefahren- und Schadenslagen erarbeiten (vgl. Bering, Eichenberg, 2020, S.23). Zunächst die Förderung von Sicherheit, Beruhigung, Selbstwirksamkeit und kollektiver Wirksamkeit, Kontakt und Anbindung und die Förderung von Hoffnung (vgl. Bering, Eichenberg, 2020, S.23). Um die Beratungsangebote und Hilfsangebote zu erweitern in einer globalen Krise zu erweitern arbeiten nationalen und europäischen Projekte zum Psychosozialen Krisenmanagement zusammen (vgl. Bering, Eichenberg, 2020, S.23). Inhaltlich wird vor allem die Informationsvermittlung sowie Kommunikation und der Kontakt unter erschwerten Bedingungen als wesentliche Handlungsstränge und Interventionsprinzipien thematisiert (vgl. Bering, Eichenberg, 2020, S.23). Die Gewährleistung von Information ist essentiell in der psychosozialen Unterstützung und dies ist eines der wesentlichen Mittel zur Förderung des Sicherheitserlebens, der Beruhigung, der Selbstwirksamkeit und der kollektiven Wirksamkeit (vgl. Bering, Eichenberg, 2020, S.31-41). Dies kann auf verschiedenen Ebene stattfinden: der staatlichen Risiko- und Krisenkommunikation durch politische Funktionsträger und Behörden oder im persönlichen Gespräch, die Informationen müssen umfassend, zeitnah, direkt, sachbezogen und vor allem wahrheitsgemäß vermittelt werden (vgl. Bering, Eichenberg, 2020, S.31-41). Besonders die Gefährdung für sich selbst und die Angehörigen, die Begründung und Erläuterung von Maßnahmen und Möglichkeiten des Selbstschutzes sind für die Betroffenen wichtig, dazu gehören auch klare Handlungsempfehlungen diese erhöhen das Selbstwirksamkeitserleben und reduzieren Hilflosigkeit und Ohnmacht (Bering, Eichenberg, 2020, S.31-41). Die Informationen sollten gerade in besonderen Belastungssituationen klar und kurz formuliert sein, da Menschen unter Extremstress nur eine begrenzte Menge an Informationen gleichzeitig aufnehmen können (vgl. Bering, Eichenberg, 2020, S.31-41). Aus demselben Grund ist zu empfehlen, Informationen mehrfach zu wiederholen zu dem ist schriftliches Informationsmaterial, das verständlich für bestimmte Zielgruppen aufbereitet ist (Kinder, Jugendliche, Erwachsene, Flüchtlinge und Migranten, Menschen mit Sinnesbehinderungen und Intelligenzminderung), um die Bevölkerung auf die Situation vorzubereiten (vgl. Bering, Eichenberg, 2020, S.31-41). Die Bereitstellung konkreter Information kann bereits als ein präventives Beratungsangebot verstanden werden, da dadurch das Risiko einer Erkrankung gemindert werden kann (vgl. Bering, Eichenberg, 2020, S.31-41). Dadurch wird die Risikowahrnehmung zu verbessern und Handlungsmöglichkeiten und gemeindliche Hilfsmöglichkeiten zu vermitteln (vgl. Bering, Eichenberg, 2020, S.31-41). Eine weitere Belastung ist die Isolation auch im Rahmen ihres höheren Lebensalters, einer Erkrankung oder anderer schwieriger Lebens-situationen mit ausgeprägten Einsamkeitsgefühlen verbunden, vor allem wenn sie alleine leben (Bering, Eichenberg, 2020, S.31-41). Während der Corona- Pandemie entfallen auch Kontrollmechanismen, die mit Unterstützungssystemen wie den ambulanten Diensten verbunden sind (vgl. Bering, Eichenberg, 2020, S.31-41). Dies fördert die pathologische Entwicklung einer Vielzahl von Gesundheitsproblemen und senkt die Lebensqualität und Lebenszufriedenheit (vgl. Bering, Eichenberg, 2020, S.31-41). In einer Studie wurde erhoben (Cacioppo und Hawkley 2009), dass unter Einsamkeit die Wahrscheinlichkeit steigt, ein schwächeres Immunsystem und einen höheren Blutdruck zu entwickeln, eine weitere 2015 durchgeführte Metaanalyse von Holt-Lunstad zum Thema »Social Relationships and Mortality Risk« ergab, dass chronische soziale Isolation das Sterblichkeitsrisiko um 29 % erhöht (Bering, Eichenberg, 2020, S.31-41). Besonders ältere Menschen sind anfälliger, Gründe hierfür können sein: der Verlust von Familie oder Freunden, chronische Krankheiten und sensorische Beeinträchtigungen wie Hörverlust, die dazu führen können, dass es schwieriger ist zu interagieren (vgl. Bering, Eichenberg, 2020, S.31-41). Aber nicht nur ältere Menschen sind betroffen, jeder in Isolation lebender Mensch ist davon betroffen. In der Bewältigung der Isolation, auch in Kombination mit der Befürchtungsdynamik, spielen individuelle kompensatorische Schemata der Persönlichkeit eine Rolle, die sich auch aus vorbestehenden Belastungen und Erfahrungen entwickelt haben und die aus Konflikt- und Trauma Modellen bekannt sind (Bering, Eichenberg, 2020, S.31-41). Wie schon im Kapitel zwei erwähnt haben die Menschen Angst sich anzustecken oder Angehörige, dies ist die sogenannte Befürchtungsdynamik (vgl. Bering, Eichenberg, 2020, S.31-41). Diese Ängste sind bei jedem Menschen unterschiedlich Ausgeprägt und stehen in einer engen Wechselbeziehung zu den individuellen Befürchtungsfantasien und -szenarien (vgl. Bering, Eichenberg, 2020, S.31-41). Auch hier kann präventiv mit sachgerechter und regelmäßig aktualisierter Information über die Lage, die psychische Angst vermieden und die Individuen stabilisiert werden, zusätzlich können Psychoinformation und Anleitung zur Selbsthilfe zur Stärkung der Selbstberuhigungskompetenzen beitragen (vgl. Bering, Eichenberg, 2020, S.31-41). Ein systemischer Gedankengang, Hilfe zur Selbsthilfe. Bei akuten Ängsten, unbeeinflussbarer starker Befürchtungen und im schlimmsten Fall depressiven oder anderen klinisch bedeutsamen Entwicklungen sind psychotherapeutische Beratungsangebote, auch webbasiert sowie Notseelsorgetelefone notwendig (vgl. Bering, Eichenberg, 2020, S.31-41). In Zeiten von Kontaktbeschränkungen benötigen Familien besondere Aufmerksamkeit, jedes Mitglied der Familie kämpft mit seinen eigenen Ängsten und Sorgen, durch die Beschränkungen und das „aufeinander hocken" können leicht Konflikte entstehen oder ausarten (vgl. Knabe, 2021, S.3). Zu dem darf nicht davon ausgegangen werden, dass sich Betroffene von selbst melden (vgl. Knabe, 2021, S.3). An dieser Stelle sind die Institutionen gefragt, diese sollten proaktiv praktische und informationelle Unterstützung anbieten (vgl. Knabe, 2021, S.3). Die Beratungsangebote sollten transparente und niedrigschwellige Kommunikationsstrategien wie z.B. Internetseiten, Aushänge, automatischen Bandansagen nutzen um die Hemmschwelle zu einer Hilfeeinrichtung möglichst niedrig zu halten (vgl. Knabe, 2021, S.7). Zu dem sollten diese Hilfs- und Beratungsangebote telefonisch oder digital im Problemfall erreichbar sein, dadurch wird der Kontakt mit Familien aufrechterhalten und dies kann als Präventionsmaßnahme verstanden werden (vgl. Knabe, 2021, S.7). Dies kann durch unterschiedliche Methoden wie z. B. durch Anrufe, Hausbesuche und Einladungen zum Gespräch erfolgen (vgl. Knabe, 2021, S.7). Die Mitarbeiter, welche Hausbesuche durchführen, sind zwingend mit passender Schutzkleidung auszustatten, um den eignen Schutz zu gewährleisten zu dem ist auch hier auf die Hygienemaßnahmen zu achten (vgl. Knabe, 2021, S.7-11). Aber auch die Bereitstellung von Informationen ist ein wesentlicher betrag zu der Erweiterung der Beratungsangebote um die Betroffenen möglichst präzise über die aktuelle Situation aufklären: Was geht? Was nicht? Wohin kann ich mich bei Problemen wenden (Radbruch, 2020, S.1-2)? Aufgrund der weitreichenden Einschränkungen im öffentlichen Leben, steigt die Gefahr vor allem für Frauen und Kinder, häusliche und sexualisierte Gewalt zu erleiden (Bering, Eichenberg, 2020, S.38-41). Je weniger Kontakt Menschen mit anderen Menschen haben, jetzt aufgrund der erforderlichen Abstands- und Hygieneregeln, desto mehr ist es für misshandelnde Personen möglich, ein maximal mögliches Maß an Macht, Kontrolle und Einfluss zu erreichen (vgl. Bering, Eichenberg, 2020, S.38-41). Während der Corona-Pandemie ist es schwierig den betroffenen Menschen praktischen Hilfen, wie z. B. durch alle Akteure im Opferschutz zu geben, da die Unterbringungskapazitäten begrenzt sind. (vgl. Bering, Eichenberg, 2020, S.38-41). Des Weiteren ist auf den Schutz der bereits aufgenommenen Personen zu achten um keine Infektionen zu riskieren (vgl. Bering, Eichenberg, 2020, S.38-41). Auch die Kapazitäten müssen erhöht werden um den Schutz sicher zu stellen und gleichzeitig Hygienestandards einzuhalten z. B. durch angemieteten von Hotelzimmern neben den bereits etablieren Frauenhäusern (vgl. Bering, Eichenberg, 2020, S.38-41). Zwar stehen Bundesweit Hotlines und Internetseiten für Betroffene rund um die Uhr kostenfrei zur Verfügung, bei Bedarf auch anonym, jedoch sind in der aktuellen Lage häufig Haus- und Kinderärzt*innen die erste wichtige Ansprechperson diese versuchen in beratender Form weitere Hilfen anzubieten (vgl. Bering, Eichenberg, 2020, S.38-41). Im Nachbarland Frankreich werden Überlegungen laut, ob psychosoziale Beratung in Apotheken und Supermärkten angeboten werden sollten, da der Tatort in der häuslichen Umgebung liegt und eine Frau oder Kinder selten von zu Hause aus frei und ohne Kontrolle telefonieren können (vgl. Bering, Eichenberg, 2020, S.38-41). Der Appell des Zuhörens und Hinsehens begrenzt sich jedoch nicht auf Haus- und Kinderärzt*innen oder Beratungen, hierbei handelt es sich um eine gesellschaftliche Aufgabe (vgl. Bering, Eichenberg, 2020, S.38-41). Eine weitere pandemische Stressbelastung durch Isolation entsteht durch Überforderung durch die Kinderbetreuung wegen der Schließung von Kindergärten und Schulen, Quarantäneanordnungen oder Kontaktsperren (Bering, Eichenberg, 2020, S.38-41). Eltern erleben sich in dem Zwiespalt, einen Bildungsauftrag ohne hinreichende Kompetenzen und Ressourcen erfüllen zu müssen oder auch, ihrer Arbeit nicht nachgehen zu können. (Bering, Eichenberg, 2020, S.38-41). Institutionen sollten proaktiv praktische und informationelle Unterstützung anbieten, dennoch sind diese gefordert, neue Wege zu beschreiten, z. B. mit Angeboten zur virtuellen Trauerbegleitung, wenn die realen Kontakte mit Freunden, Verwandten oder Trauerbegleitern nicht möglich sind (Radbruch, 2020, S.1-2). Weitere Beratungsangebote können Hilfe und Unterstützung zum Home Schooling (z.B. Erreichbarkeit der Lehrkräfte der Kinder), Seelsorge bei Einsamkeit (z.B. zum Austausch und zuhören z.B. alleinstehender Menschen), Konfliktberatung (z.B. um Streitigkeiten friedlich zu lösen, vermeiden von Gewalt), Erziehungsberatung/ Kontakt zu pädagogischen Fachpersonal (z.B. individuelle Beratung zu Phasen der Kinder) , kirchliche Seelsorge (z.B. Gottesdienste online mit Mitgliedern der Gemeinde abhalten, online Beichten), Suchtberatung, aktuelle Informationen (z.B. Welche Beschränkungen gelten in welcher Stadt), Jugendtelefon (z.B. damit auch Kinder und Jugendliche ihre Ängste, Sorgen und Probleme äußern können und Hilfe bekommen), Partnerschaftsberatung, Familienberatung (um Struktur in den Alltag zu bekommen), Technische Beratung bei z.b. dem Home Schooling und Hilfe bei häuslicher Gewalt. Kategorisiert lassen sich vier Hauptbereiche zusammenfassen: medizinische Behandlung gegebenenfalls Traumatherapie für Angehörige, Konfliktlösende-psychosoziale Intervention, Soziale Arbeit/Instrumente der Rehabilitation und die Gesundheitserziehung Psychoinformation/-hygiene sein (vgl. Bering, 2020, S. 34).Vielleicht stellen wir ja im Lauf der Pandemie fest, dass sich mit den neuen Wegen auch neue Horizonte eröffnen, und manches auch nach der Pandemie noch genutzt werden kann dies gilt nicht als Ersatz für Nähe oder Berührung, aber sehr wohl als Ergänzung (vgl. Radbruch, 2020, S.1-2).Durch die Distanzierung werden Telefon, Messenger und das Internet intensiv genutzt und auch Personal der psychosozialen Versorgung u. a. Notfallseelsorger*innen, psychosoziale und traumazentrierte Berater*innen, Psychotherapeut*innen gehen mehr und mehr dazu über, auf das Telefon oder web basierte Videochats für Beratungen und Psychotherapien zu nutzen, sodass diese Angebote auch bei Distanzierungsvorgabe bestehen bleiben können (vgl. Bering, 2020, S. 24-26). Abschließend ist für die Planung bedarfsorientierter psychosozialer Versorgungsangebote in der COV ID-19-Pan-demie darauf zu achten die Ursachen der pandemischen Stressbelastung herauszufinden und zu beachten (vgl. Bering, 2020, S. 24-26). Hierzu gilt es die Faktoren aus Kapitel zwei und drei sowie die regionalen Unterschiede der infektionsgebiete, individuellen Vorbelastungen und Ressourcen zu beachten (vgl. Bering, 2020, S. 24-26). Dies soll verdeutlichen, dass ein Beratungsgrundkonzept zur Bewältigung der pyschosozialen Herausforderungen ein guter Ansatz ist, jedoch sind die regionalen Unterschiede teilweise extrem (z.B. in der Stadt und auf dem Land) so ist es zwingend notwendig auf die entsprechende Situation ein maßgeschneidertes Konzept zu erarbeiten, unersetzlich ist die Zusammenarbeit mit Intuitionen und Partnern vor Ort.

3.1 Erläuterung an einem Beispiel

Aus den vergangenen Kapiteln konnte entnommen werden wie komplex die Situation in der Corona- Pandemie ist, um dies besser zu erläutern soll hier ein Beispiel aufgezeigt werden mit möglichen Beratungsangeboten bzw. Hilfeleistungen. Herr M. (48 Jahre) hat im Zuge der COV ID-19-Pandemie nach einer Übergangsphase der Kurzarbeit betriebsbedingt seine Arbeit verloren (negativer Umweltfaktor) (Bering, 2020, S. 46-48). Die pandemische Stressbelastung wirkt sich als depressive Störung aus, in Verbindung mit einer chronisch obstruktiven Lungenkrankheit (Bering, 2020, S. 46-48).Herr M. hatte in der Vergangenheit einen Arbeitsunfall welcher ihn psychisch sehr belastete, jedoch mit therapeutischer Hilfe überwand er diese Krise (vgl. Bering, 2020, S. 46-48). Zu der Kündigung kam auch das Schließen der Schulen hinzu, aufgrund der der Einschränkungen kommt es im häuslichen Bereich immer mehr zu Konflikten (vgl. Bering, 2020, S. 46-48). Die Verschlechterung der wirtschaftlichen

Situation und die plötzliche Existenzbedrohung durch die Kündigung sind langfristige Folgen in der Domäne bedeutender Lebensbereiche (Bering, 2020, S. 46-48). Ein ehemaliger Arbeitskollege von Herrn M. wurde positiv auf das Virus getestet, aufgrund dessen Herr M. freiwillig einen Corona Test machte und sich zwei Wochen vorsichtshalber in Quarantäne begab (vgl. Bering, 2020, S. 46-48) Obwohl der Test negativ war, verschärfte sich die Ungewissheit die depressive Symptomatik (vgl. Bering, 2020, S. 46-48). Diese Kontextfaktoren repräsentieren die individuellen Lebensbedingungen, unter welchen Herr M. die Pandemie mit seiner Familie erlebt (Bering, 2020, S. 46-48). Durch die negative Wechselwirkung zu Quarantäne, Kontaktsperre und begrenztem Wohnraum verschärfen sich die Beeinträchtigungen der Mobilität, Selbstversorgung sowie der interpersonellen Interaktion und Beziehungsgestaltung im familiären Kontext (Bering, 2020, S. 46-48). Bei diesem Beispiel wird verdeutlicht, dass die pandemische Stressbelastung von Herrn M. nicht losgelöst von Aktivität und Teilhabe oder Kontextfaktoren betrachtet werden kann (vgl. Bering, 2020, S. 46-48). Die pandemischen Stressbelastung variiert mit den Kontextfaktoren, so können Personen mit gleicher medizinischer Diagnose unterschiedliche Teilhabebeeinträchtigungen entwickeln (Bering, 2020, S. 46-48). Soziale Unterstützung ist ein Kontextfaktor mit tragender Bedeutung und beeinflusst die Funktionsfähigkeit positiv, fällt der Kontakt zur Außenwelt jedoch weg, entwickelt sich ein erheblicher Barrierefaktor (vgl. Bering, 2020, S. 46-48). Herr M. wird durch die konstante Konfrontation mit der Corona- Pandemie über Berichterstattungen und soziale Medien zusätzlich belastet und verunsichert (Bering, 2020, S. 46-48. Nun stellt sich die Frage: Welches Beratungsangebot wäre geeignet, um Herr M. und seine Familie dabei zu unterstützen, die mit der Corona- Pandemie verbundenen Herausforderungen zu bewältigen? Zunächst gilt es eine Routine in den Alltag der Familie zu bekommen um Konflikte zu reduzieren und jedem Mitglied seinen Freiraum zu gewährleisten, hierzu könnte ein Beratungsangebot im Bereich der Familienhilfe unterstützend sein (z.B. Mit Struktur durch den Alltag in der Pandemie) (vgl. Bering, 2020, S. 31-48). Dazu benötigt die Familie klare, sachliche und aktuelle Informationen um die Angst und Unsicherheit zu mindern, hierzu könnte die Gemeinde oder Stadt das aktuelle Infektionsgeschehen und die damit verbundenen Einschränkungen mitteilen (z.B. Gemeindetelefon, Internetauftritt der Gemeinde) (vgl. Bering, 2020, S. 31-48). Herr M. sollte unbedingt wieder therapeutische Hilfe in Anspruch nehmen, da seine Vorgeschichte und die aktuelle Situation in Wechselwirkung zu weiteren Krankheiten führen können, zu dem wäre eine Selbsthilfegruppe für Herr M. ratsam um seine Ängste und Sorgen mit Menschen zu teilen welche ein ähnliches Leiden haben (z.B. lokale Selbsthilfegruppe trifft sich regelmäßig per zoom, therapeutische Gespräche übers Internet oder Telefon) (vgl. Bering, 2020, S. 31-48). Zudem sollte die Familie grundlegend über das Hygienemaßnahmen aufgeklärt werden um die Unsicherheit zu vermeiden (vgl. Bering, 2020, S. 31-48).

4. Fazit

Zwar sind Bisher noch keine empirischen Erkenntnisse gewonnen, wie die psychosozialen Auswirkungen der COV ID-19-Pandemie einzuschätzen sind, jedoch geht die Zeit der Isolation nicht spurlos an den Menschen vorbei (vgl. Bering, 2020, S.10). So stellten Studien bei Einsamkeit ein schwächeres Immunsystem und einen höheren Blutdruck fest, eine weitere aus dem Jahr 2015 ergab, dass chronische soziale Isolation das Sterblichkeitsrisiko um 29 % erhöht (vgl. Bering, Eichenberg, 2020, S.31-41). Unter Betrachtung aller genannten Aspekte ist davon auszugehen dass die COV ID-19-Pandemie bei den unmittelbar und mittelbar Betroffenen ein hohes Maß an akutem und mittelfristigem psychosozialen und psychischen Stress verursacht (vgl. Bering, 2020, S.10). Da die Pandemie die ganze Welt betrifft wird es eine erhebliche Anzahl von Menschen sein, welche mittelfristig Belastungsfolgen entwickeln werden (vgl. Bering, 2020, S.10). Es ist zwingend erforderlich im Krisenmanagement für diese und andere Pandemien die begleitenden psychosozialen Problemlagen zu definieren und das Psychosoziale Krisenmanagement fest zu etablieren zu dem ist besonderer Wert auf präventive Beratungen und Hilfestellungen zu legen, um das Ausmaß der Belastungsfolgen einzudämmen (vgl. Bering, 2020, S.10). Das bewährte Konzepte des Psychosozialen Krisenmanagements und der akuten, mittel- und langfristigen Psychosozialen Notfallversorgung fundiert auf Forschungen und Statistiken, jedoch ist die Situation völlig neu, daher müssen die Konzepte und Beratungen angepasst werden (vgl. Bering, 2020, S. 24- 26). Aus den psychischen Belastungsfaktoren der Quarantäne resultieren unmittelbare Handlungsempfehlungen, wie eine transparente, sachgerechte Information über Notwendigkeit und Dauer einer Maßnahme sowie die Sicherstellung der Basisversorgung und der Kontaktmöglichkeiten über Telefon, Smartphone und Internet (Bering, 2020, S. 22). Beratungsmaßnahmen sollten zum Schutz der Berater*innen möglichst online, telefonisch oder unter Beachtung der Hygienemaßnahmen stattfinden (vgl. Bering, 2020, S. 24- 26). Die Angebote sowie die Kontaktmöglichkeiten müssen der Bevölkerung bekannt sein, um in der Krise möglichst schnell Hilfe zu bekommen (vgl. Bering, 2020, S. 24- 26). Eine Beratung kann jedoch vielfältig sein, so stellt die Gewährleistung von fachlich richtigen Informationen zur Pandemie schon eine präventive Beratung dar, da die Menschen beruhig und aufgeklärt werden und somit die Ungewissheit sinkt (vgl. Bering, 2020, S. 24- 26). So wird in Frankreich überlegt in Supermärkten Beratungsmöglichkeiten und Hilfeleistungen z.B. für Hilfe bei häuslicher Gewalt anzubieten (vgl. Bering, Eichenberg, 2020, S.38-41). Der Gedankengang ist sehr gut da dieser Ort für alle Zielgruppen zugänglich ist und zur Versorgung notwendig ist (vgl. Bering, Eichenberg, 2020, S.38-41). Grundlegend gibt es kein universelles Beratungsangebot um Familien zu unterstützen, es Bedarf einer Kombination aus allen genannten Bereichen, da nicht jede Familie gleich von der Pandemie betroffen ist (vgl. Knabe, 2021, S.1). Grundsätzlich gilt es die Förderung von Sicherheit, Beruhigung, Selbstwirksamkeit und kollektiver Wirksamkeit, Kontakt und Anbindung und die Förderung von Hoffnung zu steigern oder erhalten (vgl. Bering, Eichenberg, 2020, S.23). Der Appell des Zuhörens und Hinsehens begrenzt sich jedoch nicht auf Beratungen, hierbei handelt es sich um eine gesellschaftliche Aufgabe (vgl. Bering, Eichenberg, 2020, S.38-41).

Quellenverzeichnis

Ahlheim Michael, Bruckmeyer Stefan, Konrad Kai A., Windsteiger Lisa, 2020, Verlorenes Glück – Zufriedenheitsverluste in der Corona-Krise, file:///C:/Users/User/Downloads/Ahlheim2020_Article_VerlorenesGl%C3%BCckZufriedenheitsv.pdf, letzter Aufruf erfolgte am 28.02.2021

Bering Robert, 2020, Die Psyche in Zeiten Der Corona-Krise: Herausforderungen Und Lösungsansätze Für Psychotherapeuten Und Soziale Helfer. http://eds.b.ebscohost.com.pxz.iubh.de:8080/eds/ebookviewer/ebook/bmxlYmtfXzI0NjM3MzJfX0FO0?sid=ea282555-884d-4080-a7cb-ab4eb43a454c@pdc-v-sessmgr03&vid=1&format=EB&rid=1, letzter Aufruf erfolgte am 28.02.2021

Erbe Susanne, 2020, ZBW – Leibniz-Informationszentrum Wirtschaftfile:///C:/Users/User/Downloads/Erbe2020_Article_LehrenAusDerCorona-KriseLesson.pdf, letzter Aufruf erfolgte am 28.02.2021

Knabe André, 2021, Auswirkungen der Corona Pandemie auf soziale Netzwerke in Risikofamilien, file:///C:/Users/User/Downloads/Knabe2021_Article_AuswirkungenDerCoronapandemieA.pdf, letzter Aufruf erfolgte am 28.02.2021

Kröll ,Platzer, Ruckenbauer, Schaupp [Hrsg.], 2020, Die Corona-Pandemie Ethische, gesellschaftliche und theologische Reflexionen einer Krisehttps://www-nomos-elibrary-de.pxz.iubh.de:8443/10.5771/9783748910589.pdf?download_full_pdf=1, letzter Aufruf erfolgte am 28.02.2021

Radbruch Lukas, 2020, Der Schmerz, file:///C:/Users/User/Downloads/Radbruch-Schaible2020_Article_IsolierenBisEsWehTutDieFolgenD.pdf, letzter Aufruf erfolgte am 28.02.2021

Schmidt-Lellek, Christoph , 2020, Perspektiven für das Coaching nach der Corona-Krise file:///C:/Users/User/Downloads/Schmidt-Lellek2020_Article_PerspektivenF%C3%BCrDasCoachingNach.pdf, letzter Aufruf erfolgte am 28.02.2021

Abkürzungsverzeichnis

bzw.= Beziehungsweise

d.h.= das heißt

u.a.= unter anderem

z.B.= zum Beispiel